LE CRI DE LA PATRIE,

Par M. le Baron DE VASTEY,

Secrétaire du Roi, Membre de son Conseil Privé, Précepteur de S. A. R. Monseigneur le PRINCE ROYAL d'Hayti.

LE CRI DE LA PATRIE,

OU

LES INTÉRÊTS

DE

TOUS LES HAYTIENS.

Le génie du mal craint la lumière et vit dans les ténèbres ; l'homme de bien désire, demande qu'on l'éclaire, et les lumières de la vérité en ont sauvé plusieurs.

Lettre de l'Auteur aux Haytiens.

LES complots ténébreux des blancs français avec le général Pétion mis au grand jour, le forcent enfin de se montrer à découvert ; relancé par la force de la vérité dans son dernier retranchement, il s'est vu obligé de lever le masque hypocrite qui voilait depuis si long-temps son caractère perfide et machiavélique ; maintenant ses passions dominantes, sa turpitude, son ambition démesurée, la criminalité de son cœur, paraissent dans toute leur laideur.

Je vous prends à témoins ô mes concitoyens du Port-au-Prince et de la partie du Sud ; qui avez été trop long-temps victimes et trompés par ce caméléon politique ! Reconnaissez-vous maintenant cet homme insouciant, le débonnaire, le doucereux, le mielleux Pétion ? Le reconnaissez-vous ? Voyez-le à présent, que ses sourdes menées sont à découvert, s'agiter comme un furibond, tel qu'un énergumène s'élancer dans sa véritable carrière, provoquant le meurtre et la guerre civile ; ce n'est plus cet homme impassible que rien ne pouvait émouvoir ? O éternelle vérité, que ta force est puissante ! toi seule pouvait opérer

A

ce prodige inouï, en dissipant les nuages épais qui dérobaient ce démon des ténèbres à nos yeux; nous le voyons maintenant au naturel, tel qu'il a été, tel qu'il sera toujours, chargé de crimes et d'iniquités, vendant ses frères aux blancs français, après les avoir plongés dans un abîme de maux !

Pétion seul est l'auteur de la guerre civile ; lui seul en a été le machinateur perfide ; lui seul la perpétue encore ; lui seul est coupable ; sur lui seul retombent la haine et l'animadversion de tous les haytiens.

Mon but, en entreprenant cet écrit, n'est point de réveiller des souvenirs pleins d'amertume ; les reproches aigrissent, et les récriminations éloignent un rapprochement désiré, nécessaire au bonheur des haytiens. Nous sommes persuadés que tous ceux qui ont figurés dans les tourmentes révolutionnaires qui nous ont agités (hors Pétion seul) ont suivi l'impulsion de leur conscience, et croient avoir pris la ligne droite ; nous ne voulons voir dans ceux-ci que des amis, des frères, n'importe qu'elles ont été leur opinion et leur conduite ; Noirs ou Jaunes, ce sont des haytiens, des enfans de la même patrie ; nous ne voyons en eux dans l'avenir, que des citoyens réconciliés et dévoués comme nous au gouvernement paternel de sa majesté HENRY Ier, dont le pouvoir repose sur la légitimité et sur des lois justes et immuables.

Notre très-auguste et bien-aimé Souverain veut cette réunion ; il la veut fortement ; elle aura lieu malgré les efforts de Pétion pour en reculer le terme ; Sa Majesté veut que tout soit oublié pour ne s'occuper qu'à cicatriser les plaies de la patrie, seul et unique moyen d'opérer le bonheur général des haytiens ; sa majesté veut confondre l'espoir des français et leurs partisans qui veulent perpétuer parmi nous, la guerre civile ; pouvons-nous ne pas applaudir à la générosité et à la magnanimité de ses sentimens paternels, et faire tous nos efforts pour seconder ses intentions bienfaisantes ?

Pétion, partisant des français, s'est déclaré le champion de la guerre civile ; il la provoque, il appele les haytiens à grands cris pour reprendre les armes les uns contre les autres ; à la voix paternelle de sa majesté, qui ne lui parle que le langage de la paix et de la réconciliation, il ne répond que par des vociférations et des cris de rébellion.

Quelle circonstance Pétion a choisie pour manifester ses criminelles intentions ? il voudrait voir encore couler le sang haytien, il lui tarde de nous en voir venir aux mains, il est instruit que les français viennent, il est initié dans leurs projets, il est leur complice, c'est pourquoi il voudrait nous voir nous affaiblir par nos propres armes, consommer nos munitions de guerre et diminuer nos ressources, pour faciliter les français dans la conquête du pays ; voilà les motifs pourquoi il nous provoque à la guerre ; mais qu'il s'abuse ! il a beau vociférer et se répandre en injure contre son Souverain, nous ne tirerons pas un seul coup de fusil qui ne soit dirigé contre les français ou leurs partisans. Aujourd'hui le peuple est parfaitement éclairé sur ses vrais intérêts ; il n'est pas un haytien le moins clairvoyant qui n'est pas intérieurement convaincu que Pétion est l'instrument nécessaire que les français veulent se servir pour nous plonger dans les horreurs de l'esclavage ; Malouet l'a dit positivement, et Pétion en a donné mille preuves incontestables par sa conduite et ses actions.

Pour prouver cette vérité immuable, nous allons jeter un coup-d'œil sur sa vie politique ; nous allons repasser les différentes époques où Pétion a figuré dans la révolution ; nous allons faire un examen de ses actions, de ses écrits, des écrits des français ses complices, et nous prouverons jusqu'à l'évidence même, que Pétion est un traître qui déshonore le nom Haytien qu'il porte depuis trop long-temps.

La plupart des faits que je vais mettre sous les yeux du peuple, sont de notoriété publique et d'une authenticité irrécusable ; mais il est des choses, des vérités utiles, qu'on ne peut trop souvent répéter aux hommes, pour les prémunir et les sauver des embûches des méchans.

La vie entière du général Pétion, n'est qu'un tissu de crime et de trahison les plus infâmes ; tous les haytiens savent que depuis le commencement de sa carrière militaire, il a servi tour à tour tous les partis ; tour à tour il les a trahi et abandonné ; sa nouvelle défection ne doit étonner personne ; un traître ne se corrige jamais ! tous les haytiens se rappellent de la manière qu'il abandonna Beauvais, pour passer dans le parti de Rigaud ; il servit ensuite sous le général Laplume, en qualité d'adjudant général ; il était aimé et considéré par le général Toussaint lorsqu'il le trahit à l'Acul de Léogane, abandonnant son chef le général Laplume pour se rendre au général Rigaud; lorsque celui-ci fut acculé à Tiburon, et qu'il abandonna les victimes qu'il avait entraînées dans l'erreur pour se retirer en France, qu'il avait si bien servi par la guerre civile. Pétion s'embarqua avec Rigaud, et revint avec lui dans l'expédition des français ; on le vit à la tête de la 13e demi-brigade commettre ses ravages au Mirebalais ; on le vit figurer à la Crête-à Pierrot, où il a combattu avec acharnement ; les habitans de Plaisance et de diverses autres paroisses du Nord se rappellent encore avec quelle barbarie il a servi les français ; que d'haytiens victimes ont alors péris sous ses coups !

A la prise d'armes, les français faisaient pendre, brûler et noyer indistinctement les instrumens même de leur atroce vengeance; Pétion, alors colonel de la 13e demi-brigade, un de leurs plus zélés et chauds partisans, fut obligé de chercher un refuge dans les bois, parmi les noirs qu'il avait combattu avec tant d'acharnement; il trouva auprès de feu l'empereur Dessalines un père, un ami qui l'accueillit et le fit parvenir rapidement au grade de général de division ; parmi les officiers généraux, il n'y avait aucun qui était plus aimé, plus considéré par l'empereur que Pétion; il avait placé toute sa confiance dans celui qui devait un jour le faire assassiner ; mais ce n'était encore là que le prélude de ses intentions criminelles ; il fallait de degré en degré, de crime en crime qu'il parvînt à la souveraine puissance, objet de sa plus grande ambition.

Je rappele à votre mémoire haytiens, ce temps déplorable de notre histoire, alors tous les regards étaient tournés sur le Roi, le général en chef de l'armée; les rênes du gouvernement lui étaient dévolues de droit, comme le plus ancien chef et le plus élevé en grade militaire, et les vœux du peuple, de tous les hommes pensans, de tous les bons citoyens l'appelaient à la première magistrature de l'état; ses vertus, ses qualités éminentes, son amour pour le bon ordre, promettaient aux haytiens de jouir des douceurs d'une administration sage et paternelle et d'une paix durable. Un seul homme est venu troubler ce concours heureux de choses, un seul homme a renversé nos justes espérances ; Pétion s'est levé, il veut parvenir à la souveraine puissance, le malheur de son pays, les flots de sang qui vont couler, aucune considération n'arrête cet ambitieux.

Les titres sacrés du général en chef, l'ancienneté de ses services, ses droits à la reconnaissance des haytiens, la voix unanime du peuple, ne sont pour Pétion qu'autant d'obstacles, que son ambition démesurée doit franchir. Ce n'était pas assez d'avoir abattu le premier échelon qui s'opposait à sa marche vers la souveraine puissance, il fallait encore surmonter et faire disparaître le second; pour y parvenir, ce monstre de dissimulations, combina ses intrigues; toujours derrière le rideau, il souffla le feu de la discorde et de la guerre civile; c'est ainsi qu'après avoir fomenté les passions, formé des conspirations dans le Nord, qu'il se disposait de marcher sur son chef le 1er de Janvier 1807; c'est ainsi qu'il le contraignit à prendre les armes et à marcher contre lui, pour dissoudre ses projets ambitieux et liberticides, pour s'éviter d'être la victime de ce traître, qui venait de fouler aux pieds toutes les lois de l'honneur et de la reconnaissance; c'est ainsi qu'il alluma la guerre civile, pour avoir le prétexte de se saisir des rênes du gouvernement; c'est ainsi qu'il disait à un député de couleur: lorsque j'ai pris les armes pour terrasser Dessalines, c'était dans la ferme résolution de n'être plus commandé par un nègre! et dans le même instant changeant de ton et de langage, il disait à un noir, tout en ayant l'air de s'apitoyer sur le sort de l'empereur, ce n'est pas moi qui est l'auteur de cet événement; mais comme chef tout l'hideux retombe sur moi; et se tournant vers un autre, il lui disait : ne craignez rien, je serai votre boussole! c'est ainsi que vous le voyez changer tour à tour de couleur et de forme, pour perpétuer cette guerre civile, et pour se maintenir dans son insigne usurpation et éterniser sa dictature.

Haytiens du Port-au-Prince et du Sud, hommes de couleur mes frères, c'est à vous à qui je m'adresse particulièrement; les maux qui ont affligé notre infortuné pays ont pesé surtout sur les hommes de couleur; arrêtons-nous donc, et réfléchissons sur la cause de ces maux; en découvrant le mal, nous pourrons en trouver le remède, et un remède prompt et efficace qui puisse nous sauver.

B

Depuis qu'Hédouville a lancé son venin sur Hayti, deux chefs de couleur également ambitieux, également dévoués au gouvernement français ont été les moteurs de tous nos malheurs. Rigaud et Pétion, contre tout principe de justice, de raison, d'humanité, de la saine politique même, ont voulu ravir les rênes du gouvernement des mains de ceux qui en étaient pourvus, par l'ancienneté de leurs services, par la justice, par la raison, par les intérêts bien entendus de tous les haytiens ; de cette injustice manifeste et récriante, qu'en est-il résulté ? des malheurs inouis, des flots de sang haytien ont coulés, les fureurs de la guerre civile ont désolé notre patrie ! Hommes justes et impartiaux, je vous le demande, quels sont les auteurs de toutes ces calamités ? Vous me répondrez du fond de vos cœurs et de vos consciences, c'est Hédouville, c'est Rigaud, c'est Pétion, ce sont les français et leurs partisans. Hommes justes répondez moi ? vos chefs légitimes pouvaient-ils se laisser dépouiller du fruit de leurs services et de leur sang répandu ? Pouvaient-ils se laisser avilir, dégrader, égorger ? Pouvaient-ils abandonner leurs frères, leurs concitoyens, à la merci de ces deux hommes qui les avaient vendu aux blancs français ? il fallait donc qu'ils prissent les armes malgré eux mêmes, pour repousser tant d'infamies et d'injustices ; voilà la cause de nos guerres civiles. La trahison, l'ambition, l'injustice, sont les bases sur lesquelles repose la cause de Rigaud et Pétion. Hé bien ! mes frères, abandonnez-donc cette cause injuste qui vous déshonore, sauvez-vous, sauvez votre patrie des horreurs d'une guerre civile, qui vous entraînera dans une perte inévitable, ne craignez rien, méprisez toutes les calomnies que l'on veut faire naître, pour vous inspirer des craintes ; jetez-vous dans les bras du Roi, ils vous sont ouverts, il vous sauvera, il vous protégera, il en a la volonté et la puissance. Faut-il encore pour vous déterminer à vous éloigner de Pétion, vous donner une nouvelle preuve de sa criminalité ? jetez un regard sur les derniers événemens qui se sont passés dans le royaume, au Port-au-Prince même, et vous aurez une juste idée de sa conduite et la conviction qu'il ne veut que le malheur de son pays.

Avant que le Roi se soit déterminé à envoyer des députés, pour faire connaître ses intentions paternelles et bienfaisantes au peuple des parties de l'Ouest et du Sud, j'en appele à vous mêmes habitans du Port-au-Prince, quel était le langage de Pétion? ne vous disait-il pas avec une satisfaction feinte et apparente, nous avons la paix avec le Roi d'Hayti? dans les repas ne l'avez-vous pas vu boire à la réunion des haytiens? c'était pour vous abuser; c'était une jonglerie de sa part, car son cœur et ses véritables intentions étaient bien éloignés de cette réunion, qu'il redoute le plus au monde; l'événement vous a donné la preuve de cette vérité incontestable.

Pétion, prônant la paix et la réunion, berçait les hommes vertueux et bien intentionnés dans ces douces et flatteuses espérances! le traître, comme il vous trompait; son cœur en était loin....

Il croyait que Sa Majesté n'aurait jamais voulu faire le premier pas pour aplanir tous les obstacles qui pouvaient s'opposer au bonheur général des haytiens; des sentimens aussi généreux, aussi magnanimes ne pouvaient être conçus dans un cœur comme celui de Pétion, qui est flétri par l'ambition et endurci dans le crime. L'arrivée des députés du Roi au Port-au-Prince confondit son attente; il fut déjoué dans ses projets; il changea de langage; il vit que la réunion allait s'opérer, que les haytiens des deux couleurs allaient s'embrasser; il fut obligé de sortir derrière le rideau; on dit même qu'il devint furieux; vous êtes plus instruits que moi de la manière qu'il reçut et congédia nos députés; vous avez sous les yeux les paroles de paix et de conciliation dont ils étaient porteurs, et les vociférations de cet énergumène qui ont accompagnés leur retour; enfin vous avez vu renouveler dans vos murs le même manège que fit cet hypocrite le 1er de Janvier 1807; et si le Roi sage et éclairé qui nous gouverne n'avait point démêlé les projets atroces de Pétion, le sang haytien aurait encore coulé dans les champs de Cibert; et dans les circonstances où nous nous trouvons, voyez quel sujet de joie nous aurions donné à nos ennemis exécrés, les ex-colons et les français; voilà cependant ce que Pétion demande à grands cris; lisez sa proclamation et vous aurez la conviction qu'il n'est que l'instrument des français, en provoquant la guerre civile.

Voilà l'homme cependant qui ose parler d'agressions, d'innocence, de rébellion, comme si ce n'était pas lui qui a commencé par assassiner son ami, son père et son bienfaiteur; comme si ce n'était pas lui qui a dirigé son poignard contre son chef légitime, en fomentant la guerre civile, en armant les citoyens les uns contre les autres, pour avoir le prétexte de se saisir des rênes du gouvernement.

Faut-il rappeler encore ces agressions sans nombre, l'envahissement du Mirebalais, des Gonaïves; le siége de Saint-Marc, la marche du Sourde; l'invasion du Môle et du Port-de-Paix, où tant d'haytiens du Sud et de l'Ouest ont péri victimes de son ambition? Le 30ᵉ régiment composé des troupes du Sud qui se trouvent dans nos rangs maintenant; c'est-il dans leurs foyers qu'ils ont été arrachés? et les généraux Lamarre et David Trois ont-ils aussi terminés leurs carrières dans leurs foyers? Le système d'espionnage et d'embauchage que Pétion n'a jamais cessé d'employer pour fomenter des conspirations et semer des troubles parmi nous; tout cela ne sont donc point des actes d'agressions? Que de victimes et de malheureux qu'il a fait par ses trames criminelles; que de crimes ce monstre s'est couverts par son ambition démesurée, et il se dit innocent!!! Et la foudre en éclat n'a point encore tombée sur sa tête coupable!

Tous ceux qui se sont laissés entraîner par ses suggestions perfides, tous ceux qui lui ont servi d'instrumens pour parvenir à la place qu'il a usurpée et qu'il déshonore par son caractère et son incapacité; que sont-ils devenus? la plupart ont péris assassinés par ses ordres, les autres ont été obligés de fuir dans l'étranger pour éviter la mort, d'autres ont été chargés de fers sur de simple soupçon, dégradés, éloignés des affaires publiques; ils végétent maintenant dans un état de nullité, l'infortuné général Delvar, depuis si long-temps renfermé, eût déjà éprouvé le dernier supplice sans l'interposition d'un honnête étranger qui a détourné Pétion de faire immoler sa victime.

Tous ces faits sont notoires, tous les haytiens en sont instruits; et à entendre Pétion, il n'a jamais fait aucun acte d'agression! il n'a jamais fait le plus petit mal à personne; il n'a point versé une seule goutte de sang; a-t-on jamais vu, grand Dieu! un être aussi taré,

aussi

(9)

aussi éhonté! et peut-on pousser plus loin le raffinement de l'hypocrisie ? Il faut en convenir, il surpasse maître ès-arts dans cet art perfide.

A l'arrivée de Rigaud, envoyé par Bonaparte pour continuer à entretenir la guerre civile commencée par lui, et rallumée de nouveau par Pétion, on aurait cru que ces deux hommes, unis par les mêmes sentimens, combattans pour les mêmes intérêts, servans le même maître [Bonaparte] se seraient entendus pour leurs intérêts communs; mais l'ambition qui avait porté ces deux hommes à commettre tant de crimes les divisa encore ; tous les deux voulaient occuper la première place de l'état. Le Sud fit sa scission avec l'Ouest, mais l'artificieux Pétion commença par faire jouer ses ressorts accoutumés, il suscita un parti dans la ville des Cayes; Rigaud fut cerné dans son palais, et pour sauver sa vie menacée, il fut contraint de mitrailler et fusiller les partisans de Pétion; les habitans des Cayes, sans doute, se souviennent encore de cette scène d'horreur où tant de leurs concitoyens ont péri victimes de la perfidie de Pétion. La mort de Rigaud termina cette double guerre civile, le général Borgella ne se sentant pas capable de la continuer contre l'ambitieux et perfide Pétion, ou sans ambition il a préféré lui laisser le commandement plutôt que de faire couler le sang de ses concitoyens.

L'ambition est donc sans réplique l'idole à laquelle Pétion a toujours sacrifiée; c'est cette passion infâme qui le divisa avec Rigaud, son ami et son complice; c'est cette passion qui l'a conduit de crime en crime, et qui le conduira à la mort.

Les derniers événemens qui se sont passés dans le royaume, nous donnent encore la preuve convaincante, que les intérêts de ses concitoyens ne peuvent émouvoir ce cœur gangréné; et pour mieux en pénétrer nos lecteurs, nous allons jeter un regard sur sa soi-disante proclamation du 20 Février; examinons cette pièce, c'est le comble de la folie et de l'extravagance la plus caractérisée, c'est le produit d'une imagination en délire; hommes sensés, convenez-en avec moi, cette pièce ridicule par les vociférations et les mensonges qu'elle fourmille, mérite-t-elle le nom de proclamation? et c'est un homme qui aspire à

C

gouverner un peuple, qui pose son nom sur une semblable folie; ne faut-il pas avoir perdu la raison pour avoir osé acoler une pièce pleine de démences à la lettre sage et vraiment paternelle que S. E. le comte de Limonade, ministre d'état, a écrite au général Pétion, au nom du Roi? J'en appele à vous tous, haytiens du Port-au-Prince et de la partie du Sud, vous avez ces pièces sous les yeux, arrêtez vous un instant, vous verrez du côté du Roi, le génie du bien et de la sagesse présider dans ses conseils; du côté de Pétion, le génie du mal y préside; c'est Moloch le démon de la discorde, s'agitant et soufflant le feu de la guerre civile; dites-nous hommes justes, Pétion ne pouvait-il pas se justifier devant le peuple haytien, qui l'accuse d'avoir traité avec les français? Voilà ce qu'on lui demande, qu'il se justifie par des raisonnemens plausibles, par des faits, des preuves, et non par des injures qui le rendent encore si méprisable à nos yeux; il a vendu ses frères aux blancs français, nous en avons des milliers de preuves sous les yeux; mais dans l'impuissance où il est de pouvoir les livrer, il vocifère, il croit se sauver par les injures; tel qu'un homme qui se noye, il s'accroche à toutes les branches, pour se sauver du péril inévitable où sa perfidie l'a plongé.

Esquissons sa misérable diatribe au peuple et à l'armée, qu'il a osé qualifier de proclamation.

Pétion débute par trouver mauvais que le Roi ait envoyé des députés pour éclairer le peuple des parties de l'Ouest et du Sud sur leurs vrais intérêts, et de se réunir à lui pour combattre les français nos ennemis communs.

Le Roi dans sa démarche paternelle a voulu prouver au peuple haytien, qu'il n'avait jamais dépendu de lui que cette réunion n'ait eue lieu; Sa Majesté en sent l'impérieuse nécessité; elle est nécessaire à la gloire et au salut du peuple.

Sa Majesté a voulu, dans une circonstance où nos vies et notre indépendance sont ménacées, donner au peuple qui est l'objet de ses veilles et de ses travaux, une marque éclatante de son amour et de sa sollicitude paternelle.

Sa Majesté a aujourd'hui la consolation d'avoir éclairé son peuple sur ses vrais intérêts, d'avoir empêché Pétion d'exécuter son affreux projet; il a bien vendu ses frères aux français, mais il est dans l'impossibilité de pouvoir les livrer; nous sommes convaincus que nos frères de l'Ouest et du Sud abhorrent les français comme nous, et qu'ils ne souscriront jamais à aucun traité qui puisse les avilir ou les conduire à être plongés dans les horreurs de l'esclavage avec le *temps*, comme se proposent Pétion et les français.

Sa majesté a donné à l'univers entier, aux philantropes de tous les pays qui désiraient de voir la réunion des haytiens en une seule famille, à tous les haytiens vertueux, une preuve éclatante que des considérations personnelles ne pouvaient l'empêcher de faire tous ses efforts pour opérer le bonheur général des haytiens; sa satisfaction intérieure est la plus belle récompense que puisse jouir son cœur paternel; et ses ennemis mêmes ne pourront pas s'empêcher de lui rendre la justice qui lui est due.

Il n'en est pas de même du général Pétion; le peuple haytien a la conviction que bien loin de faire un pas pour le bien général, il ne fera pas le plus léger sacrifice personnel pour le bonheur du peuple; il ne fait que de le plonger d'abime en abîme. Le peuple a la conviction que lui seul est l'auteur de la guerre civile, lui seul veut la perpétuer, que l'ambition seule est son guide, et qu'il est le zélé et fidèle serviteur des français; il en a donné des milliers de preuves! C'est pourtant ce tartuffe, et archi-protée qui vous dit qu'il est prêt à faire *le sacrifice de sa vie, qu'il ne tient à aucune ambition personnelle de pouvoir*. Quel excès d'hypocrisie [1]!!!

Pétion annonce au peuple qu'il a renvoyé les députés du Roi; *je les ai reçus et ils sont repartis*, dit-il; grand dommage! nous n'ignorons pas cependant, que s'il n'eût dépendu que de Pétion seul, il les eût fait assassiner; nous n'ignorons pas qu'il a cherché par dessous mains, des personnes pour envoyer provoquer et insulter nos députés; mais il n'a pu trouver un seul haytien qui voulût se charger de cet infamie; nous savons qu'il a injurié et traité de lâches les honnêtes gens

---

[1]. On accusait Robespierre de prétendre à la souveraineté; il s'en défendait sur son patriotisme, sur sa conduite passée; il alléguait qu'il n'avait pas d'ambition personnelle; eh! laisse là, lui crient Osselin et Lecointre Puiravaux, ta vie passée, et dit franchement si tu veux la dictature?

qui n'ont point voulu s'avilir, en servant d'instrumens à ses passions; nous savons bien au contraire que nos députés n'ont eu qu'à se louer de la réception qu'ils ont éprouvée des braves gens du Port-au-Prince; Pétion est le seul qui les a vu avec horreur.

Haytiens mes frères! admirez avec moi la conduite de Pétion; faites une comparaison qui doit être bien frappante pour vous! Voyez de la manière distinguée qu'il a accueilli Dauxion Lavaysse, espion français, qui avait dans ses poches les instructions les plus formelles pour plonger les haytiens dans les horreurs de l'esclavage. Voyez, dis-je, de la manière que Pétion l'a accueilli; les longues conférences qu'il a eues avec cet espion, dans lesquelles il aurait vendu le peuple, si nos écrits n'eussent arrivés à temps, pour empêcher cet affreux projet; et voyez avec quelle rage ce monstre, agent des français, a accueilli des haytiens, des compatriotes, des officiers supérieurs, qui lui apportaient des paroles de paix et de conciliation; lisez ses lettres respectueuses à Dauxion Lavaysse en réponse des siennes, où il vous menaçait de la traque; et lisez la réponse qu'il nous a faite à des paroles de paix! Je vous laisse à réfléchir sur ces horreurs!

Pétion s'écrie: *Que n'a-t-il agi comme nous? Pourquoi*, dit cet énergumène, *a-t-il fait périr par les armes et le fer des bourreaux, les défenseurs de l'état?* Quelle audace! Misérable! C'est Pétion qui ose tenir ce langage? Qui a donc assassiné les généraux Guillaume Lafleur, Moreau, Germain, Yayou, Magloire Ambroise et Gérin; les adjudans généraux Boisrond Tonnerre, Mentor et Chervain; les colonels Bazile, Aoua, Dieudonné, Sanglaou et Makare; les lieutenans colonels Quique, Jean-Charles Cadet, etc. et tant d'autres nombreuses victimes que Pétion a entraînées dans l'erreur, et qu'il a sacrifiées aussitôt qu'ils ont porté ombrage à son ambition démesurée: *Que n'a-t-il agi comme nous?* Ne dirait-on pas, à entendre ce monstre d'hypocrisie, qu'il n'a jamais versé une seule goutte de sang haytien? Ne faut-il pas être éhonté pour oser parler d'assassinats? lui qui a fait couler des flots de sang de ses concitoyens, lui le moteur et le champion de la guerre civile; sur lui seul doivent retomber toutes les calamités qui en ont été les funestes résultats.

Quoiqu'en dise

(13)

Quoiqu'en - dise Pétion, il est bien convaincu que nous ne manquons pas de forces nombreuses, et que des milliers de bras sont levés pour terrasser les français et leurs adhérens ; à leur l'arrivée, nous ferons voir à Pétion si nous sommes forts et nombreux, c'est alors qu'il aura de justes raisons de trembler, lui qui a vendu ses concitoyens et ses frères, mais sans cependant pouvoir les livrer aux blancs français.

Pétion dit : *tranquille dans nos lignes nous n'avons fait aucun mouvement depuis la nouvelle de la paix, le Roi, au contraire, n'a cessé de nous inonder d'écrits;* ce sont donc les écrits des haytiens du Nord qui rendent Pétion furieux, qui lui causent des mouvemens convulsifs ; lisez tous ces écrits, ils sont dirigés contre les français. Pétion est donc français puisqu'il se rend leur défenseur ? Il fallait pour lui complaire que nous l'aurions laissé consommer son crime avec Dauxion Lavaysse ; il ne fallait pas imprimer ces fameuses instructions du ministre Malouet à ses trois espions ; pièces qui étaient d'une si haute importance de mettre sous les yeux de tous les haytiens. En vérité ne faut-il pas être tout à fait dévoué aux français pour oser se plaindre que le Roi ait éclairé le peuple sur les barbares projets des français, qui ne veulent rien moins que notre entière destruction. Mais Pétion veut que tous nos écrits sont *imprégnés de fiel* et qu'ils sont dirigés contre lui ! Hommes justes et impartiaux, nous vous le demandons, est-ce nous qui avons écrites les instructions de Malouet ? c'est-il de notre faute si Pétion joue le principal rôle dans ces instructions ? lisez-les attentivement, certainement ce n'est pas nous qui les ont fabriquées ; lisez toutes les gazettes étrangères, les mémoires des Charault, des Berquins ; tous les écrits des ex-colons français disent que Pétion est dévoué à la France ; certes, ce n'est pas nous qui avons inventés ces écrits ; ce n'est pas nous qui accusons Pétion, ce sont ses complices, sa conduite, ses actions mêmes qui l'accusent ; nous n'avons eu d'autres mérites que de mettre les faits sous les yeux de nos concitoyens, pour leurs instructions et les empêcher d'être ses victimes.

Je rappele à votre souvenir, haytiens du Port-au-Prince, l'effet que fit sur Dauxion Lavaysse, la vue de ses propres instructions ; on

D

nous dit qu'il fut pétrifié, comme s'il avait vu la tête de Méduse; il tomba dans un état de défaillance, accompagné de nausée, la terreur s'empara de lui; il voyait déjà suspendu sur sa tête le glaive des lois prêt à le frapper, comme un espion ; mais revenu à lui, il fut rassuré; son complice était là, de là, sa lettre de remercîment à Pétion, de ses *angoisses morales, de ses ennemis qui sont aussi les vôtres*; *M. le Président*, lisez, et relisez cette lettre, on ne peut jamais trop lire cette belle pièce, monument éternel de la honte de Pétion.

Le peuple haytien saura que cet espion, bien loin de recevoir le châtiment qui lui était dû, est parti récompensé par Pétion, de quelques milliers de gourdes, pour, dit-on, le défrayer de son voyage; et qui plus est, il est parti sur un bâtiment haytien !

Pétion, vous dit encore, *habitans du Sud, vous connaissez plus particulièrement que moi le citoyen Tapiau*; et nous habitans de l'Ouest et du Nord, nous lui répondrons, nous le connaissons encore bien moins, nous ne connaissons aujourd'hui le nom de Tapiau, que par la mission dont il fut chargé, par Pétion auprès de Bonaparte, pour le traité qu'il a négocié à Paris, avec Bonaparte, pour et au nom de Pétion. Bonaparte s'obligeait de fournir à Pétion une armée de quinze mille hommes, soixante mille fusils, et deux cents milliers de poudre à canon; et Pétion, s'obligeait moyennant ce secours de conquérir le Nord, et soumettre le pays à la France, certainement, voilà ce qui s'appele s'expliquer cathégoriquement sur la mission de Tapiau. Bien certainement, si Pétion n'avait pas eu des connivences avec les français, s'il n'avait pas envoyé ce Tapiau, nous n'aurions pas su son nom ni reçu la pièce qui prouve l'existence de ce traité; Pétion dit qu'on le calomnie, il pousse les hauts cris sur cette fatale découverte, qui lui cause d'aussi fortes tribulations, que les instructions de Malouet à ses espions ; mais est-ce de notre faute, si cette aventure lui arrive encore ? hommes justes répondez-nous ? Que veut-il que nous fassions à cela, c'est un malheur inévitable aux conspirateurs, la vérité tôt ou tard perce toujours ? Mais distes-nous donc général Pétion, le sieur Gabarge, que fait-il maintenant en France ? et le sieur Liot, l'envoyé du ministre de la marine Décrès, qui est venu s'aboucher avec vous au Port-au-Prince, et tout récemment vos aventures avec ce Dauxion Lavaysse, dites-nous donc de bonne foi, tous ces faits sont-ce des calomnies ? Ah ! Pétion, vous êtes plus français, que les blancs français mêmes.

L'espion français Médina, confirme dans ses interrogatoires la plupart de ces faits ; nous les voyons consignés dans les papiers publics venant de l'étranger, les pièces originales d'Europe qui les constatent, sont déposées dans les archives du Roi; la conduite de Pétion avec Dauxion Lavaysse, tout prouve jusqu'à l'évidence même que Pétion a trahi son pays, sa propre cause, celle de ses frères, pour embrasser la cause des français; à tant de preuves accumulées sur sa tête, pour toute réponse, Pétion dit au peuple pour sa justification, que ce sont des *ont dit,* cependant les écrits originaux qui l'accusent, sont déposés dans les archives de l'état ; le public a sous les yeux les journaux et papiers étrangers, où l'on voit clairement ses liaisons criminelles avec les ex-colons et les français ; l'espion français Médina est existant, il est détenu dans la capitale ; pourquoi donc le général Pétion n'envoie pas six, huit, dix, douze personnes qui possèdent sa confiance, pour s'assurer de l'existence et de l'authenticité de ces pièces, questionner elles-mêmes l'espion français et entendre de sa propre bouche ses réponses ? il sait qu'il peut envoyer ces personnes en toute sûreté, que nous les accueillerons comme des frères, des amis que nous n'avons en vue que de faire connaître la vérité ; pourquoi donc le général Pétion ne les envoyait-il pas ? Il n'est que trop convaincu de l'existence de ces pièces et de la vérité des accusations lancées sur sa trop coupable tête ! Une chose bien digne de remarque, mes concitoyens, pourquoi le général Pétion n'a point donné le démenti aux ex-colons et les français, qui mettent toute leur confiance en lui pour réduire les haytiens dans les horreurs de l'esclavage ? Bien loin de les avoir donnés le démenti, vous voyez dans tous ses écrits, percer son attachement aux français, s'il lui échappe de loin en loin quelques paroles isolées contre les français, on s'aperçoit aisément qu'il y ait forcé malgré lui, pour ne pas effaroucher le peuple, et entraîner cette *subversion subite qui renverserait tout,* comme il s'est exprimé dans sa lettre à Dauxion Lavaysse [1].

[1] Lettre de Pétion à Dauxion Lavaysse, page 19, ligne 7.

Quel est celui qui voudrait s'arrêter moindrement sur les écrits de Pétion, sa conduite et ses actions, qui ne s'apercevrait qu'il est vendu aux français; mais craignant le peuple qui ne veut pas se courber sous le joug de ses anciens maîtres, il est forcé de garder dans ses écrits la négative, de là cette faiblesse dans ses expressions contre les français, des écrits sans signatures (*par un haytien, par colombus, qui est l'anagramme du mot colon*) pour ne pas leur donner le caractère d'officialité qui détruirait ses menées avec les français et compromettrait les signataires de ces écrits, comme si des haytiens devraient craindre d'apposer leurs signatures, en défendant leurs droits méprisés par nos tyrans. Haytiens, mes frères de couleur, qui n'avez pas la coupable intention de vendre vos concitoyens comme le général Pétion, lisez toutes les gazettes et pièces imprimées au Port-au Prince, sous sa dictée, vous verrez la vérité de ces faits; vous verrez même dans la gazette du 15 Janvier, il a osé faire imprimer qu'il avait été instruit, *malgré lui*, de l'existence des instructions de Malouet, *et qu'il avait eu la prudence de les étouffer, de crainte d'être relégué dans l'île de Ratau;* ce n'est point cette crainte qui l'a obligé d'étouffer ces pièces à la connaissance du public, et de faire cette cruelle ironie aux haytiens qui doivent être réellement plongés dans les abîmes de la mer; mais c'est parce que c'est Pétion lui-même qui doit envoyer les haytiens dans l'île de Ratau ou ailleurs, qu'il s'est vu contraint de soustraire cette pièce, où on aurait lu ces paroles remarquables : *cette mesure doit entrer dans les idées de Pétion s'il veut assurer sa fortune et les intérêts de sa caste, et nul ne peut mieux que lui disposer les choses, quant le moment en sera venu !* Lisez, ce sont les propres expressions de Malouet, dans ses instructions à Dauxion Lavaysse. Voilà la véritable cause qui lui a inspiré la prudence d'étouffer ces instructions, et certainement ce n'est pas la crainte dérisoire qu'il a d'être envoyé dans l'île de Ratau, puisque c'est lui qui doit y envoyer les haytiens, qui pourraient empêcher de plonger leurs frères dans les horreurs de l'esclavage.

Pétion vous dit cependant, *qu'il n'a point de secret pour le peuple*, dans sa soi-disante proclamation, malgré que cette belle maxime ne
soit

soit pas de lui, et qu'il a voulu singer le grand homme, qui l'a dit avant lui [1], puisqu'il n'a point de secret à garder, pourquoi n'a-t-il pas rendu public, par la voie de l'impression, le procès verbal d'interrogatoire de l'espion Médina, par la commission militaire spéciale ? il ne lui aurait pas plus coûté de faire imprimer cette pièce intéressante que la lettre de son excellence le comte de Limonade.

Mais le peuple y aurait lu des choses qui auraient fait pâlir le général Pétion malgré sa longue habitude, son habileté et son effronterie à dissimuler le crime. N'admirez-vous pas, haytiens, avec moi la fausseté, l'hypocrisie et la turpitude du général Pétion ? lisez sa diatribe au peuple et à l'armée ; il vous parle de Médina, il voudrait même le ridiculiser, parce qu'il est de nation espagnole, et vous le voyez garder le plus profond silence sur Dauxion Lavaysse ? il semblerait même vouloir l'oublier ; Pétion n'ignore pas cependant, que l'espion français Médina est l'associé criminel de Dauxion Lavaysse, l'ami de Pétion, dont il a favorisé la fuite, si cependant il eût arrêté Dauxion Lavaysse, comme il devait le faire, qui était le chef de cette mission d'espionnage et de corruption, le peuple haytien aurait été encore bien plus instruit sur les projets de nos *implacables* ennemis, que nous ne l'avons encore été par Médina ; mais aussi cela n'aurait pas arrangé Pétion, son complice, qui s'est empressé de le faire esquiver. Voilà des faits général Pétion, ce ne sont pas des *on dit*, mais des vérités immuables, des raisonnemens plausibles à la portée de tout le monde, ce qui certainement vaut mieux que des vociférations insignifiantes ; c'est sur ces faits que vous deviez répondre, au lieu de parler de Médina, lorsque vous gardez le plus profond silence sur Dauxion Lavaysse, son chef et votre complice.

Le général Pétion nous alléguera encore pour ses raisons, car il en a toujours de bonnes, que Dauxion Lavaysse n'avait encore assassiné personne à Hayti, au lieu que Médina, l'assassin du brave général Etienne Albert, mérite son attention, et nous, nous ajouterons l'assassin

---

[1] Lisez la proclamation du Roi, du 11 Novembre.

de Gélibert et de bien d'autres victimes entraînées dans l'erreur par les menées et les perfides conseils de Pétion ; mais nous lui demanderons : lorsque Médina s'échappât de Santo-Domingo, où s'est-il réfugié ? Où a-t-il trouvé un asile ? c'est-il dans le Nord ? Non, c'est aux Cayes. Pourquoi-donc Pétion n'a point vengé la mort d'Etienne Albert, de Gélibert et de tant d'autres victimes sur leur assassin ? il était dans ses mains.

Ne voyez-vous pas encore, mes frères, que c'est une des fourberies du général Pétion ; ne voyez-vous pas qu'il veut sans cesse rappeler les choses passées, pour vous faire perdre de vue le présent qui doit vous occuper ; ne voyez-vous pas dans tous ses faux-fuyans la perversité de son cœur et son hypocrisie ; s'agit-il de repousser les français, de paix et de conciliation ? il vous parle des malheurs de nos guerres civiles, dont il est de nos intérêts communs d'en ensevelir jusqu'au dernier souvenir ; s'agit-il de la mission de corruption de Dauxion Lavaysse, Médina et Dravermann ? il vous parle de l'assassinat du brave général Etienne Albert ; s'agit-il de mettre au jour l'acte de notre immortelle indépendance ? le peuple le demande ; il fait acoler par l'imprimeur une note infamante qui déshonore la nation ; il insulte à la dépouille mortelle de son auteur ; d'une main il reçoit le bienfait, et de l'autre avec un poignard, il remue sa cendre pour avoir le prétexte d'insulter aux vivans ! peut-on pousser plus loin le raffinement de la méchanceté, de la haine et de la vengeance ! et tout ce manége d'hypocrisie et de scélératesse, c'est pour éloigner toute espèce de rapprochement entre les haytiens ; c'est pour donner une autre direction à l'esprit public, pour occuper l'imagination et l'attention sur des choses passées ; c'est pour réveiller les haines prêtes à s'éteindre, afin de faire oublier toutes ses intrigues avec les français et rallumer de nouveau les fureurs de la guerre civile ; voilà ce qui occupe le plus son imagination, que la mort d'Etienne Albert et de tant d'autres de ses concitoyens, victimes de sa perfidie !

Ah ! pourquoi plutôt Etienne Albert, Gélibert et tant d'autres qui ont été comblés de bienfaits du Roi, l'ont abandonné pour se laisser entraîner par les suggestions perfides de Pétion ? Pourquoi n'ont-ils pas toujours été fidèles au poste de l'honneur ? ils jouiraient encore des bienfaits et des regards de notre auguste et bien-aimé Souverain !

Pétion ose appeler le résultat de ses menées et de ses intrigues avec les français *une comédie ;* je lui prédis moi hardiment que c'est une véritable *tragédie ,* dont il est le principal acteur ; la catastrophe approche de sa fin ; nous sommes au 5ᵉ acte, déjà mille bras sont levés pour le punir de son infâme perfidie !

Il appele la royauté une chimère ; ainsi suivant ce héros de club, ces trônes resplendissans de gloire , tous ces monarques couronnés , la forme stable du gouvernement monarchique adoptée par tous les peuples les plus éclairés du monde , sont donc des chimères ; heureusement ces illusions remplissent l'univers et font encore le bonheur des peuples , partout où nous portons nos regards nous ne voyons à côté des royaumes puissans et florissans, que de pauvres et chétives républiques.

Il pousse l'absurdité encore plus loin ; suivant cet énergumène, les institutions , les ordres , les honneurs , que les Souverains de toutes les nations ont créés pour récompenser les services, le mérite , la valeur et la vertu , sont suivant le général Pétion , des *bigarrures qui font sourire de dédain*. Rois de la terre ! héros qui combattez pour la gloire ! que je vous plains ! la sibylle a prononcé son oracle, la royauté est une chimère , et les décorations honorables et glorieuses qui couvrent les immortels Wellington et Blucher, sont des colifichets !

Heureusement c'est Pétion qui le dit, je ne lui ferai point l'honneur de l'assimiler à Catilina , il aime à prendre ces héros dans la république Romaine, il lui faut un modèle plus bas, plus crapuleux , qui lui ressemble davantage ; c'est Marat, le républicain français , le jacobin , souillé de crime et de sang, qui prononce ses oracles, malheureusement pour lui, ils ne sont plus de saison , et personne n'y croira.

N'admirez-vous pas, mes frères, le ridicule dont se couvre le général Pétion , en voulant contrefaire le Brutus, dans ses écrits, et si vous voulez vous faire une juste idée du comique que cette prétention répand sur sa personne, prenez l'histoire romaine, voyez les mœurs des deux Brutus, car je ne sais pas lequel des deux, Pétion veut ressembler davantage, si c'est au premier qui immola son fils , ou au second l'assassin de César , son père , son ami , le bienfaiteur des romains ; voyez, dis-je , le caractère, l'austérité de mœurs des deux Brutus, figurez-vous de qu'étaient alors le sénat et le peuple romain, et après voyez la vie civile et privée du général Pétion, le caractère immoral de ce Brutus haytien, le sénat, les mœurs des haytiens et du temps où nous vivons. Dites moi, hommes raisonnables, n'avez vous pas envie de rire, en faisant le tableau de cette caricature risible, où il existe tant de contraste?

C'est par des exemples tirés de l'histoire, par des sophismes, par un raisonnement aussi faux que ridicule, que le général Pétion voudrait légitimer son usurpation, et faire l'apologie du gouvernement républicain; mais les exemples du siècle où nous vivons, les événemens qui se sont passés sous nos yeux, sont des argumens bien plus puissans à opposer aux sophismes du général Pétion, à des faits ensevelis dans la nuit des temps; je pourrai le réfuter victorieusement par des faits et des exemples puisés même dans l'histoire romaine, et lui prouver le vice radical de son soi-disant gouvernement; je pourrai lui faire l'histoire de l'Angleterre république, de la Hollande, de Venise, de cette belle république française sur laquelle il veut se modeler; tous ces états maintenant sous le gouvernement monarchique, ces faits historiques sont ressens, et parle mieux sans doute à nos sens et à nos organes, que des vieilles histoires, des contes de peau d'âne, qui datent depuis plus de deux mille ans.

Vous voyez, mes frères de couleur, comme cet homme pervers cherche à égarer et à tromper l'opinion publique, en calomniant les institutions mêmes les plus respectables; cependant qu'il ouvre les pages de l'histoire sur lesquelles il veut s'étayer, il verra quel a été le sort de tous les hommes ambitieux qui lui ressemblent et qui ont souillés leurs vies par des grands attentats, en troublant le repos de leur patrie; il verra comme tous ses pareils ont terminé leurs carrières; Brutus fut obligé de se poignarder de son épée dans les champs de la Thessalie; les cendres de Cromwel furent exhumées et jetées au vent après sa mort! Marat, Carrier, Robespierre, que sont-ils devenus? Ne sait-il pas que toutes les nations ont eu le malheur d'éprouver le fléau des guerres civiles? Ne sait-il pas de quelle manière ces guerres se sont terminées? qu'il regarde

et

et qu'il réfléchisse, la guerre civile peut-elle être éternelle ? les fureurs des passions, les haines s'amortissent; après les tempêtes et les orages, le besoin du repos et du calme se fait sentir; l'expérience, le malheur, la lassitude, ramènent les hommes et les choses aux vrais principes; qu'il regarde, il verra le règne d'Auguste et la clémence du successeur de César ! il verra Henry IV, lorsque les fureurs de la ligue furent amorties, pardonner aux ligueurs ! il verra l'Angleterre, après la mort de l'usurpateur Cromwel rappeller son Roi légitime ; qu'il regarde maintenant ce qui se passe en Hollande, en France, il verra ce qu'il aurait dû faire pour se sauver, et ce qu'il a fait pour se perdre à jamais.

Ne sait-il pas qu'il n'y a de résistible sur la terre que ce qui est juste et légitime ? Ne sait-il pas dans le fond de son cœur qui lui parle malgré lui, que le Roi Henry 1er est son Souverain légitime ? ne voit-il pas dans la marche irrésistible des choses et du temps sa chûte inévitable, la fin de la guerre civile et de nos malheurs ? c'est cependant cet homme qui ose vous dire que le gouvernement républicain est celui qui convient *à l'état des hommes comme nous, à peine délivré du joug de l'esclavage et des préjugés;* peut-on pousser plus loin l'esprit d'absurdité et de démence, oser nous dire [à nous mêmes !] parce que nous étions esclaves, il faut que nous restions toujours dans un état voisin de l'esclavage ? parce que nous étions avilis, dégradés sous le régime colonial, nous ne devons pas nous élever tout-à-coup, par nos institutions, nos mœurs et nos lois, aux rangs des peuples anciennement civilisés ; parce que selon Pétion, un noir et un jaune sont indignes de posséder les titres de prince, duc, comte, baron et chevalier, qui ne doivent être exclusivement réservés que pour les blancs; n'est-ce point là, mes frères, le langage des ex-colons ? Ne voyez vous pas que ce sont les principes que Dauxion Lavaysse lui a inculqués dans ses longues conférences, les principes consignés dans les instructions de Malouet, nous devons être toujours plongés dans l'avilissement ; avec les mots de république, égalité, liberté, Pétion et les blancs français voudraient nous enchaîner, rien n'est plus clair ni plus positif.

De pareilles bévues, des sottises aussi assommantes, sont cependant

F

sortis du cerveau d'un homme qui a l'ambition et la présomption de parvenir à la puissance souveraine ! Hé bien mes frères, tout cela n'est encore rien, en raison des absurdités qu'il a osé écrire et imprimer et dont je vais vous faire une légère esquisse.

Haytiens de ma couleur, mes frères, de l'Ouest et du Sud, lisez les écrits du général Pétion, jetez un coup d'œil observateur sur les actes de son gouvernement ; réfléchissez bien, et vous aurez la conviction comme il dégrade la nation haytienne, comme il vous avilit à vos propres yeux. Je prends la première pièce qui me tombe sous la main et je lis.

Jamais il ne se présenta une époque plus intéressante dans les fastes de la république, que celle dont vous venez d'être les témoins, etc. etc. etc.

A ce début plein d'emphase, ne diriez vous pas, qu'il va nous compter que la république a fait la conquête du monde ? mais point du tout, c'est la montagne qui accouche d'une souris, quelque chose de moins encore, c'est l'arrivée d'un espion au milieu de vous, d'un brigand, d'un scélérat, de l'être le plus vil de la terre, qui vous aurait trompés, sans nos écrits qui sont arrivés à temps pour le déjouer et qui lui font si mal au cœur ; lisez tout le reste de ce recueil, ce sont des adulations réciproques de Pétion à l'espion, et de l'espion à Pétion, un galimathias d'idées incohérentes, jetés au hasard sur le papier ; le peuple haytien n'y est pas ménagé. Dauxion le menace de *le faire traquer, comme des sauvages malfaisans;* nos amis les anglais y sont grossièrement insultés, mais les français sont traités avec le plus profond respect par Pétion ; quel comble d'infamie et de ridicule ! et tout cela ne serait pas encore le plus honteux, si Pétion n'avait pas fini par couronner l'œuvre en se rendant tributaire des ex-colons, sans avoir même vu l'ennemi, que la seule présence d'un espion ! Quelle faiblesse ! quelle prédilection pour les français ! Que fera-t-il donc à leur arrivée ? Que sa manière d'agir est bien différente avec nous ; nous ne lui demandons pas cependant tribut ; nous ne lui offrons pas des lettres de blancs ; le grec Thersite manquait de courage contre les troyens, mais il aboyait contre ses concitoyens ; Pétion vocifère contre les haytiens, mais il est humble, soumis et rampant envers les français, eh! c'est cependant cet être immoral sans capacité, sans talent, sans lumière, sans avoir cet esprit de sagesse qu'exige le gouvernement d'un état, c'est lui qui ambitionne avec autant d'injustice la souveraine puissance; lisez sa soi-disante proclamation, les principes immoraux et les expressions qu'elle renferment, quelle honte! quel ridicule! quelle infamie! quelle perversité de caractère! comme il embouche la trompette démagogique pour prêcher la guerre civile! le ton ironique et badin qu'il voudrait prendre, en faisant de sa patrie un théâtre de sang et de carnage, lui fait ressembler à un singe qui gambade au milieu des échafauds, et ses menaces furibondes, le rend semblable à l'âne revêtu de la peau du lion, qui veut épouvanter les autres animaux par ses brayemens.

O haytiens! ô mes frères! pourquoi ai-je à vous peindre des images aussi dégoutantes, aussi affligeantes pour des cœurs vraimens haytiens! Pourquoi n'ai-je pas eu plutôt la faveur insigne de célébrer notre réunion, le triomphe de notre patrie, la rage de nos ennemis confondus; tous les haytiens réunis s'embrassant comme des frères, oubliant dans leurs tendres épanchemens leurs malheurs passés, et se dire réciproquement la haine, la rage, la perfidie de nos ennemis nous avaient désunis, pour notre malheur et la ruine de notre patrie! Que la haine que nous leur portons; que l'expérience des malheurs que nous avons éprouvés; que l'amour que nous portons à notre commune patrie, soient le ciment indissoluble qui doit nous unir à jamais! Quelle douce joie! Quelle satisfaction! Quel bonheur! dont nous avons été privés par l'ambition démesurée d'un seul homme! Les barrières étaient ouvertes, nous étions prêts à nous embrasser! Quel temps! Quelle circonstance, Pétion a choisi pour reculer ce terme si désiré! Quelle joie, quel triomphe il a donné aux ex-colons et les français ses partisans? Tremblez perfides votre joie ne sera que d'une courte durée! Nous connaissons les intentions de nos frères des partie de l'Ouest et du Sud, ce sont des noirs et des hommes de couleur comme nous; comme nous, ils savent le sort qui leur est réservé; comme nous, ils ont été victimes des atrocités des français! Qu'ils viennent donc ces barbares! Qu'ils arrivent ils verront s'évanouir leurs infâmes projets. Aux cris formidable de notre raliement *Indépendance ou la mort*, *anathème aux français et à leurs adhérens* ; ils verront dissiper leurs complots ténébreux, comme le vent fougueux du Nord disperse les nuages amoncelés sur nos têtes.

Vous avez sous les yeux, mes frères, les écrits qui ont été imprimés dans le royaume, avec un peu de réflexion, vous verrez que toutes les proclamations du Roi, ont eu pour but d'éclairer le peuple, et de faire cesser nos dissensions civiles, de ne faire des haytiens qu'un peuple de frères, de tendre une main généreuse et libérale à tous les haytiens, quelles qu'aient été leur conduite et leurs actions dans la guerre civile qui nous divise maintenant ; d'opérer un changement aussi honorable que nécessaire au salut et au bonheur du peuple ; sans secousse violente, sans verser une seule goutte de sang ; sans opérer aucun déplacement, de maintenir chacun de vous dans les grades et emplois que vous occupez maintenant ; le général Pétion lui même, malgré son inconduite et ses menées ténébreuses avec les français, était compris dans ce plan salutaire, et devait occuper légitimement la place qu'il a usurpée, en changeant de dénomination seulement, et en rentrant dans les bornes que la justice et l'équité lui assignent ; par ce moyen sa garantie, les vôtres, eussent été dans vos mains et dans l'oubli total du passé, pour nous occuper que de l'avenir, que de notre propre conservation, qu'à repousser et combattre les français, et assurer notre glorieuse indépendance par la force de nos armes ! Nos intérêts communs, le salut de notre patrie, notre honneur, notre gloire exigaient impérieusement cette réunion, qui aurait confondues à jamais, les coupables espérances de nos détracteurs.

Lisez la lettre du comte de Limonade, apportée par no quatre députés au Port-au-Prince, vous y verrez la vérité de cet exposé, et les intentions pures et pacifiques du Roi, qui éterniseront sa gloire, notre reconnaissance et sa mémoire parmi nous !

A cette démarche généreuse et paternelle digne de ce père de la patrie, voyez mes frères, qu'elle a été la réponse et la conduite du général Pétion ? Je vous prends pour juges, et lui-même sa conscience le jugera s'il en a une ? Voyez la vie entière de Sa Majesté, notre auguste et bien-aimé Souverain, parcourez toute sa carrière militaire vous verrez qu'il n'a jamais dévié de la route du devoir et de l'honneur ; vous le verrez dans tous les temps et dans toutes les circonstances les plus orageuses de la révolution, le plus ardent défenseur de la liberté et des droits de l'homme : quel exemple mémorable il vient de donner dans les derniers événemens qui se sont passés dans le royaume ; lisez les actes de son gouvernement, son esprit, sa sagesse et ses lumières ont présidé à leurs rédactions, il en est le créateur : voyez avec quelle sagesse et quelle énergie Sa Majesté défend la cause des haytiens : lisez les journaux étrangers vous verrez, à Londres, quelle est l'idée que l'on a de son grand caractère.

Pourquoi me suis-je écrié tant de fois, dès l'instant que nous avons chassés les français, le destin n'a point voulu que les rênes du gouvernement tombassent dans les mains d'un aussi grand homme ! Nous n'aurions point aujourd'hui à déplorer les horreurs de la guerre civile et toutes les calamités qui en ont été la suite inévitable ; mais hélas ! puisque la fatalité de notre étoile a voulu que nous passions par les cruelles épreuves des guerres civiles, avant de pouvoir consolider notre indépendance, faisons donc tous nos efforts pour les terminer ; c'est bien inutile de rappeler nos malheurs passés ; c'est vouloir r'ouvrir nos blessures et les faire saigner encore sans y porter de remède ; écartons la fougue de nos passions, dans le calme de nos consciences ; voyons ce que notre patrie exige de nous, et la conduite que nous devons tenir présentement pour réparer nos maux et nous préparer un avenir heureux !

La forme stable du gouvernement que nous avons adoptée, la monarchie héréditaire est aussi ancienne qu'elle est respectable ; c'était le seul moyen de nous garantir dans l'avenir des fureurs des guerres civiles qui nous désolent depuis vingt cinq ans : c'était l'unique moyen de mettre un frein aux passions, en ôtant aux ambitieux tout espoir de parvenir à la souveraine puissance ! C'est un grand malheur que nous n'ayons point adopté primitivement cette forme de gouvernement ; nous n'aurions pas aujourd'hui à pleurer sur nos dissensions civiles ! L'héritier du trône, dès son plus bas âge, reçoit une éducation convenable à sa haute destinée, avant que de régner, il apprend l'art de gouverner les hommes ; il acquiert des connaissances, des lumières et des vertus propres à rendre le peuple heureux ; il est l'objet des vœux et des espérances de la nation ; il est le point de mire et de réunion des amis de la patrie et de tous les hommes vertueux ! Les règnes se succèdent sans révolution, sans secousses violentes ; jetez un regard sur ce qui se passe dans le monde, vous verrez la bonté, la force, la durée et l'excellence de ce gouvernement ; les peuples les plus éclairés, nos devanciers dans la civilisation,

G

l'auraient-ils généralement adopté, s'ils ne l'avaient reconnu le meilleur ? et ces monarchies qui ont été quelques années en républiques, auraient-elles reprise la forme de leurs anciens gouvernemens, si elles n'avaient eu la conviction des vices du gouvernement anarchique ou républicain ? l'expérience des siècles a prouvé qu'entre le despotisme et l'anarchie, la monarchie a fait toujours le bonheur des peuples !

Rallions-nous donc, mes frères, autour de ce père commun qui doit nous diriger ; son trône et son pouvoir sont inébranlables, ils sont environnés de l'amour et de la reconnaissance des haytiens, leurs bases reposent sur des principes éternels, sur la raison, la justice et l'équité ! Rallions-nous donc, ne formons autour de ce trône qu'une seule et même famille ; c'est là que vous trouverez le calme, le bonheur, la sécurité, la vraie gloire et des récompenses dignes de vos sentimens et de vos services !

Notre gouvernement, nos institutions, nos lois, nos mœurs, nos usages, ne sont point *des idées bisarres et inconvenantes* comme l'ignorance et l'ineptie du général Pétion l'osent avancer ; c'est le fruit de l'expérience et des lumières, et s'il nous était permis de comparer les choses humaines aux divines, nous vous dirions que ces institutions sont aussi saintes, aussi respectables, aussi pures, que le christianisme que nous professons !

Dès qu'il a existé une famille le père s'en est trouvé le chef ou le roi ; les familles venant à se multiplier se choisirent un père commun pour les diriger : or, les rois ne sont que les pères des peuples ; il y eût des rois dès les premiers âges du monde ; les républiques ne sont venues que long-temps après, lorsque la corruption eût fait des progrès sur le genre humain ; il s'en faut donc de beaucoup que la royauté soit une chimère : il en est de même de nos institutions que le général Pétion calomnie avec autant d'ignorance que d'injustice : le cercle étroit de son génie et de ses connaissances, l'habitude ou plutôt un air de simplicité qu'il veut se donner pour cacher son ambition démesurée, sont les causes qui le font déprécier tout ce que les hommes ont imaginé de plus respectable.

Les institutions, les ordres et les signes sont de la plus haute antiquité ; des hommes qui avaient rendus des services éminens à leur patrie, furent l'objet de la gratitude et de la reconnaissance des Souverains et des peuples ; ils imaginèrent des distinctions et des récompenses pour stimuler le mérite, le courage et la vertu ; tous les peuples de la terre ont adopté ces usages : les républiques mêmes avaient des institutions, des ordres et des signes : ce ne sont donc pas des *bigarrures qui font sourire de dédain*. Cependant ce Brutus moderne, ne devait pas ignorer qu'à Rome il y avait des patriciens, des plébéiens et des chevaliers qui avaient pour prix de la valeur, au lieu d'une croix à leurs boutonnières, un anneau au doigt.

Pétion prônant la démocratie et la démagogie, voudrait faire ressusciter dans le nouveau monde, le système affreux des Marat et des Robespierre, sans faire attention, que ses modèles ont été anéantis par les rois conjurés de l'Europe. *Nous ne voulons pas de roi*, dit-il, c'est avec de tels principes et de semblables argumens qu'il voudrait faire reconnaître notre indépendance par les Souverains de l'Europe ! Quelle honte ! Quelle absurdité !

D'un autre côté abjurant ces principes jacobins, vous le voyez traiter avec Bonaparte, notre ennemi exécré; vous le voyez souple comme un gant avec Dauxion Lavaysse, le soi-disant envoyé d'un roi; il est humble et soumis devant cet espion, il est son esclave; ce n'est plus ce fier Brutus qui reçoit avec dédain l'ambassadeur de Porsenna !

Rien ne peint mieux le caractère machiavélique et diabolique de Pétion, que cet amalgame de principes hétérogènes qui se repoussent mutuellement, et que Pétion s'affuble selon ses intérêts; tantôt républicain, tantôt esclave, tantôt bonapartiste, tantôt royaliste; noir, jaune ou blanc; il prend le masque suivant ses intérêts et les circonstances; c'est vraiment un prodige extraordinaire d'hypocrisie.

Je vous l'ai déjà dit, mes frères, c'est l'ambition démesurée de Pétion qui le fait tomber de crime en crime, d'erreur en erreur, de sottise en sottise, de folie en folie; vous voyez cet homme en chapeau rond, en habit bourgeois avec cet air flegmatique, s'abandonnant nonchalamment sur un sopha, méfiez-vous de lui ! C'est l'homme le plus traître, le plus hypocrite, le plus ambitieux qui n'ait jamais existé ! Cette figure négative, ce dehors trompeur cachent un cœur imprégné des passions les plus criminelles.

Mais lui qui a l'audace de calomnier, Sa Majesté, lorsqu'Elle fait tous ses efforts pour dissiper les préventions et les outrages que les ex-colons ont répandus sur les haytiens ! Qu'a-t-il fait de son côté pour la chose publique, je vous le demande mes frères ? Vous me répondrez unanimement, rien, absolument rien; mais encore il fait bien plus, il seconde les projets des ennemis d'Hayti, autant qu'il est en son pouvoir; il démoralise au lieu de restaurer les mœurs; il désorganise au lieu d'édifier; il établit un système de corruption; croyez-vous que ces principes et cet état de chose peuvent être durables ?

La révolution qui nous a lancée dans la carrière de la civilisation, est un événement unique et sans exemple dans l'histoire du monde; pouvons-nous méconnaître que c'est la main du Tout-Puissant qui nous a retiré de l'état d'humiliation et d'opprobre où nous étions plongés, pour nous élever à la gloire et au bonheur; nous sommes les heureux enfans de l'Afrique que sa main puissante s'est servie pour abaisser les orgueilleux et les superbes, qui méconnaissaient ses divines lois; cette main puissante s'est appesantie sur eux soudain, tels que les juifs; voyez nos fiers ennemis errans, dispersés, mendians le pain de la misère, ils osaient nous assimiler à la brute ! Dieu a donné un grand exemple au monde; dans cinq lustres de révolution nous sommes parvenus à atteindre le degré de civilisation, que des siècles entiers ont à peine suffit à d'autres peuples.

Par notre inconduite, mes frères, nous rendrons-nous indignes des bienfaits du Tout-Puissant, de l'état de gloire et de prospérité où nous sommes parvenus ; retournerons nous encore à l'état abject et d'ignominie, où sa bonté infinie nous a retiré ; vous êtes trop éclairés et je vous rend trop de justice pour n'être pas persuadé que vous êtes pénétrés de ces grandes vérités.

Pourquoi donc, mes frères, abandonnez-vous les intérêts les plus chers de votre patrie, votre gloire, et votre propre conservation, dans les mains d'un être aussi vil que Pétion: un homme que vous connaissez aussi bien que moi, partisan des français, vous n'ignorez pas cependant les maux que nous avons éprouvé de cette nation, et ceux qu'elle nous prépare encore ; lisez les expressions suivantes d'une lettre que nous recevons à l'instant d'Europe, et vous connaîtrez les dispositions qu'ils ont à notre égard : « Si j'avais besoin de preuves pour démontrer
» aux haytiens que toute concession de droits civils et politiques qu'on
» proposerait de faire aux hommes de couleur, ne serait qu'un piège
» qu'on leur tendrait pour surprendre leur bonne foi et leur crédulité,
» il me suffirait de leur faire voir ce qui se passe en France même à
» l'égard des mulâtres et des quarterons qui, après avoir été employés
» pendant la révolution jusqu'à ces derniers temps en diverses capacités
» au service du gouvernement, viennent d'être supprimés et renvoyés
» avec un superbe dedain. Or, si en France même sous les yeux du roi
» et des philosophes, ces pauvres gens sont destitués et soumis aux
» avanies et à la misère qu'est-ce qu'il en serait donc dans le pays des
» préjugés sous la férule des Palissot, des Mazère et des Drouin ?
» la chose me semble résolue pour cette partie de la question ».

Voilà cependant dans quel abîme Pétion voudrait vous entraîner par ses menées ténébreuses avec les français, et pour vous empêcher d'ouvrir les yeux sur sa conduite criminelle, et de prendre le seul parti qui vous reste et qui puisse vous sauver ; il vous dit astucieusement que *le Roi vous offre des ordres et des grades d'une main et de l'autre le poignard ;* cette pensée est bien digne de Pétion, le scélérat, c'est en ajoutant l'outrage au bienfait, qu'il s'est peint lui même sans le vouloir ; en effet, il n'y avait qu'un homme capable d'une telle infamie, qui pouvait en concevoir l'idée, sa vie entière nous en donne la preuve; c'est avec le sourire de l'amitié qu'il a plongé le poignard dans le cœur de ses meilleurs amis ; c'est celui qui veut livrer vos frères et vous mêmes

aux

aux français qui a l'affreux dessein de vous assassiner, et non pas un Monarque généreux, le plus grand et le plus zélé défenseur de nos droits.

Pour vous en convaincre, mes frères, vous n'avez qu'à réfléchir sur les démarches paternelles et les proclamations du Roi, et vous aurez la conviction que ses paroles, ses actions, ses pensées, sont d'accord avec lui-même et avec ses principes, sa grandeur d'âme, sa vie entière vous sont le sûr garant de la magnanimité et de la générosité de ses sentimens.

S. E. M. le comte du Trou et M. le baron de Ferrier, envoyés en députation auprès de vous, ne sont-ils pas deux hommes de couleur : moi même qui vous écrit, ne suis-je pas homme de couleur, père d'une nombreuse famille ? Croyez vous que je vous tiendrais ce discours, s'il n'était conforme à la vérité, à la justice et à mes principes ?

Faut-il, mes frères, parce que Pétion est un homme de couleur, vous devez l'aider à consommer son crime, la ruine de votre patrie, votre perte et le malheur de vos concitoyens ? Les crimes et les vertus n'ont point de solidarité ; laissez à Pétion seul le propre poids de ses iniquités ; ses crimes sont pour lui seul; lui seul en est responsable, et lui seul doit en supporter le châtiment ; vous n'êtes chargés de rien, vous êtes aussi innocens que moi même aux yeux du Roi; fuyez donc ce méchant, chassez ce traître et vous êtes sauvés.

Pétion vous tient sur un abîme infecté, qu'il couvre de quelques fleurs pour en cacher la profondeur ; hâtez-vous de sortir de cet abîme, ne vous laissez pas éblouir jusqu'au dernier moment. Dans ma dernière lettre, je vous écrivais : *si un homme assez ennemi de son pays et de lui-même, s'élevait au milieu de vous, pour vous conseiller la guerre civile, et de rester dans l'état d'instabilité où vous êtes plongés, de reconnaître en lui un partisan des français qui s'apprête à vous livrer.*

Hé bien! mes frères, un seul homme a osé élever sa voix criminelle, vous l'avez entendu rugir comme une bête féroce ; une soif de sang le dévore, il voudrait vous exciter au carnage de nos concitoyens : cet homme est au milieu de vous, et il vit encore! que dis-je, il trame dans son perfide cœur, les moyens qu'il doit employer pour vous livrer aux blancs français, *quant le temps en sera venu.* Que tardez vous davantage, chassez-le loin de vous ; frappez-le d'anathème comme un monstre, comme un pestiféré, car il vous communiquera la contagion et la mort!

Baron DE VASTEY.

Au Cap-Henry, chez P. Roux, imprimeur du Roi.

www.ingramcontent.com/pod-product-compliance
Lightning Source LLC
Chambersburg PA
CBHW060913050426
42453CB00010B/1703